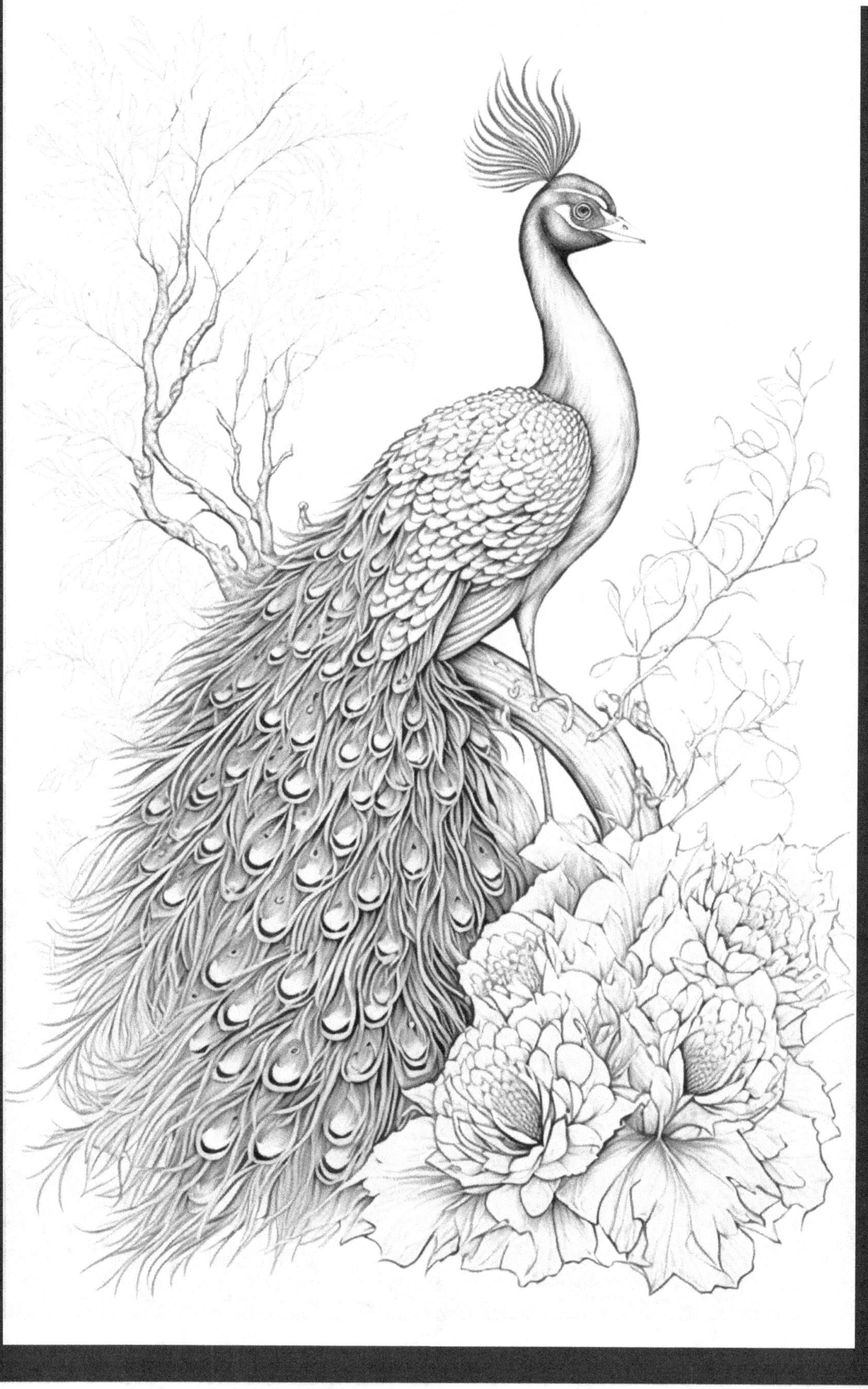

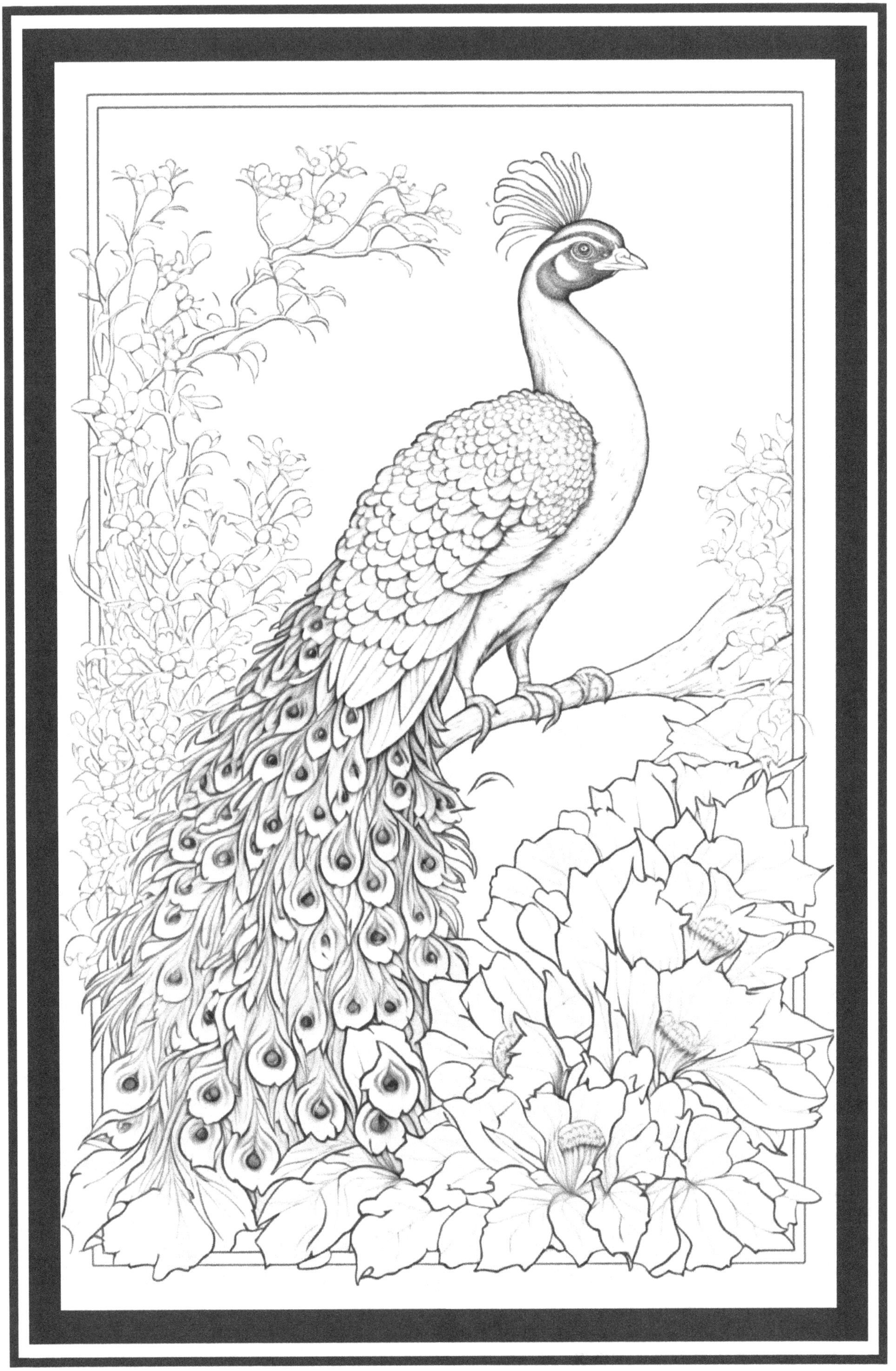

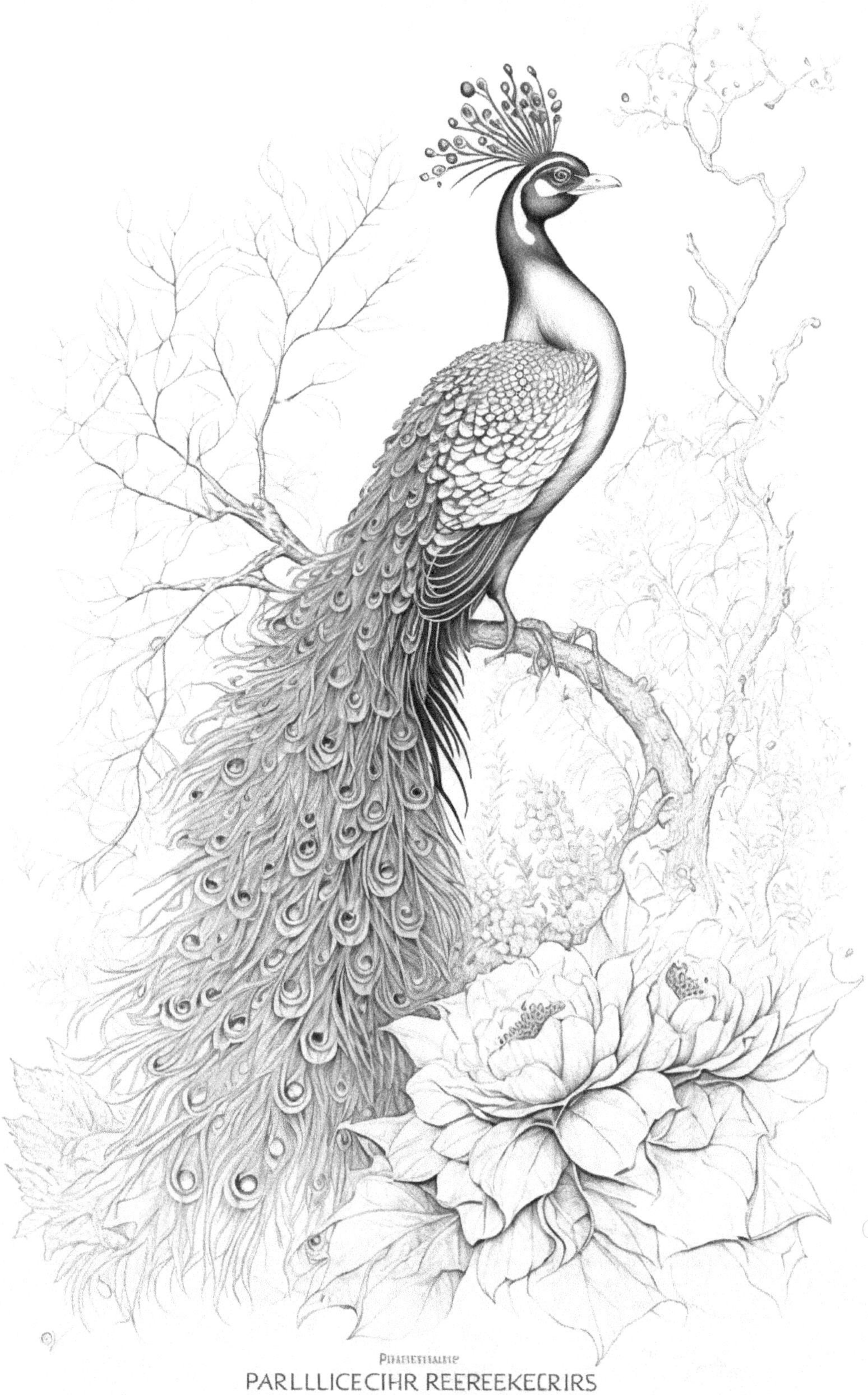

PARLLICECIHR REEREEKECRIS

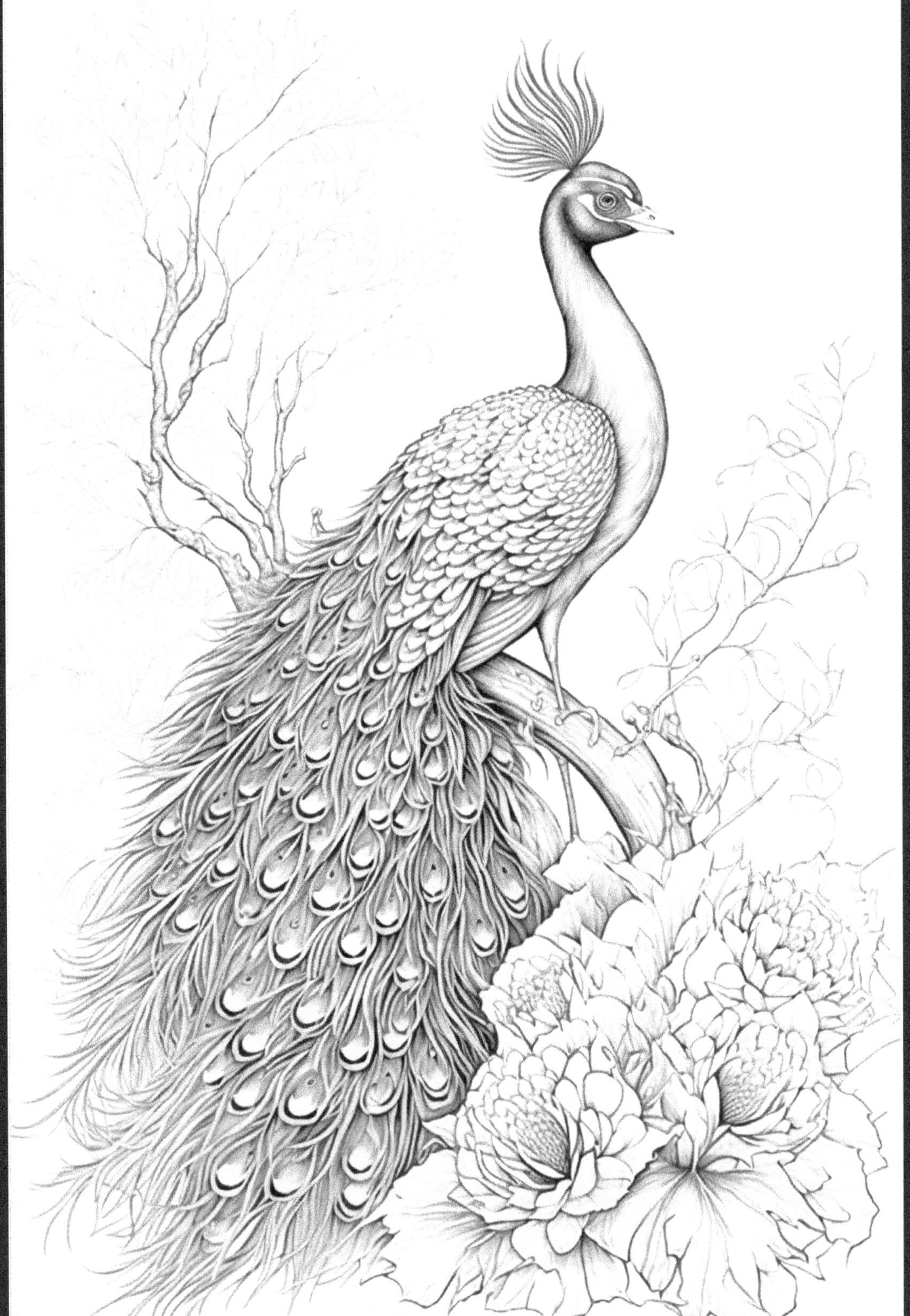

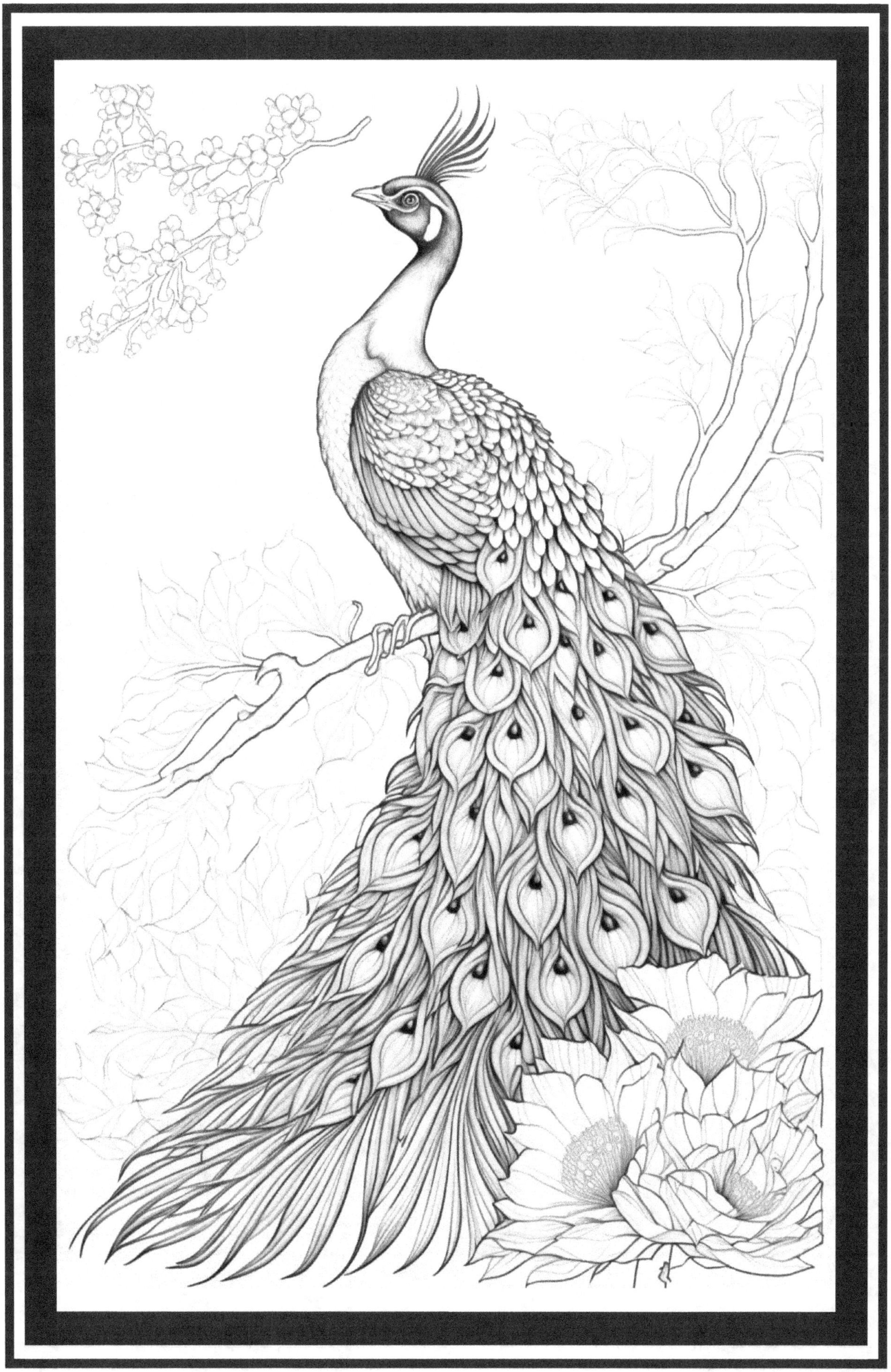

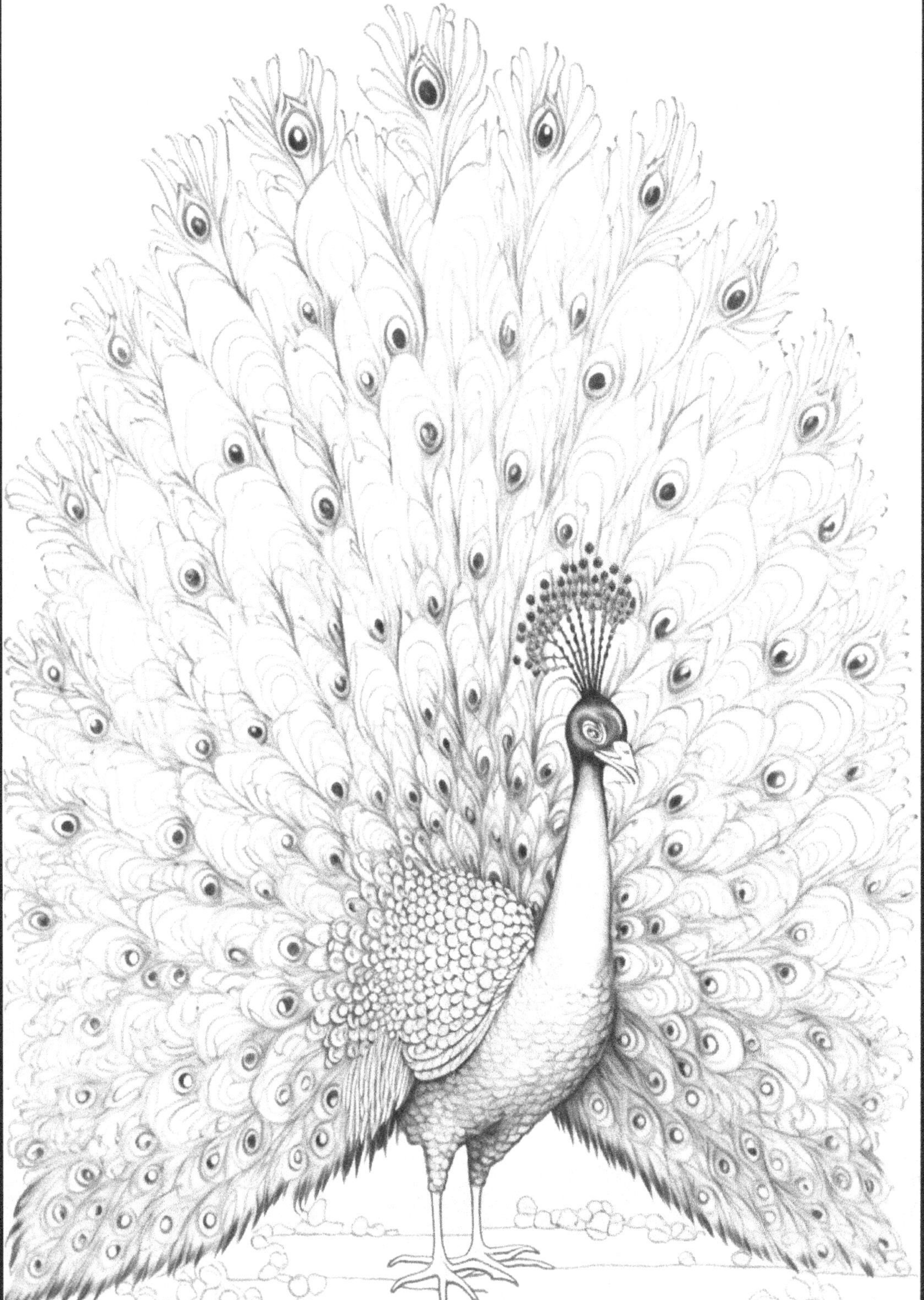

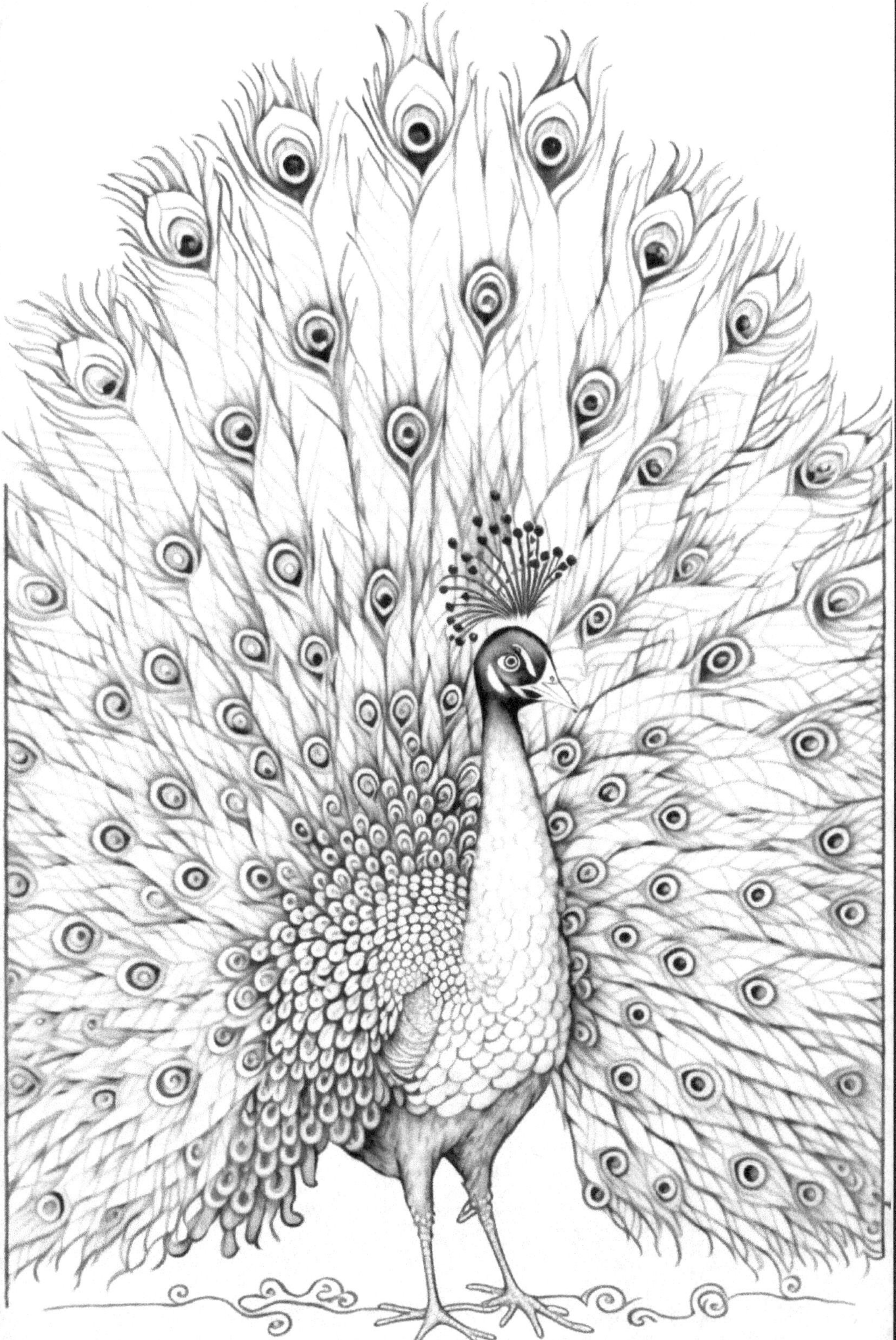

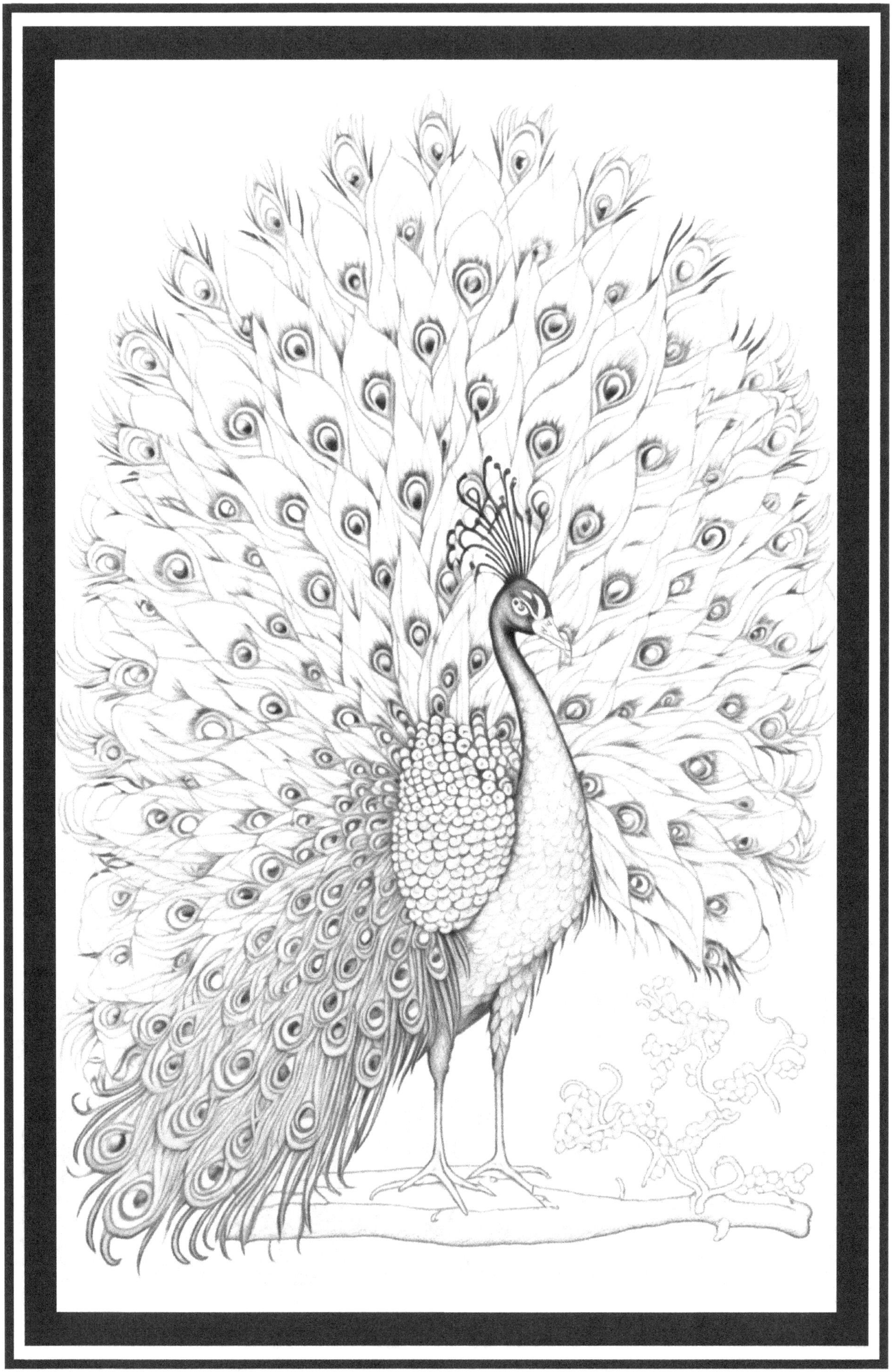

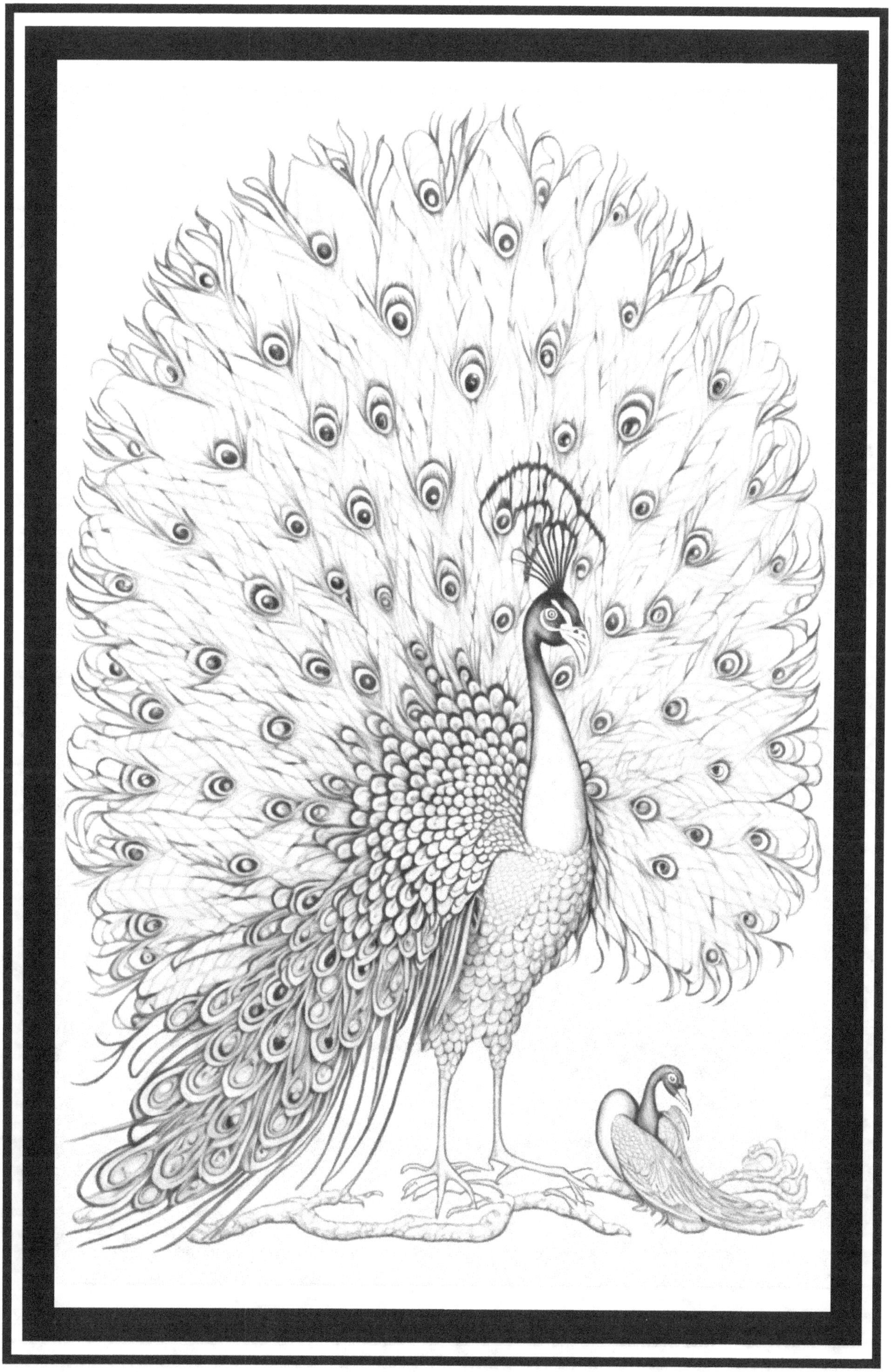

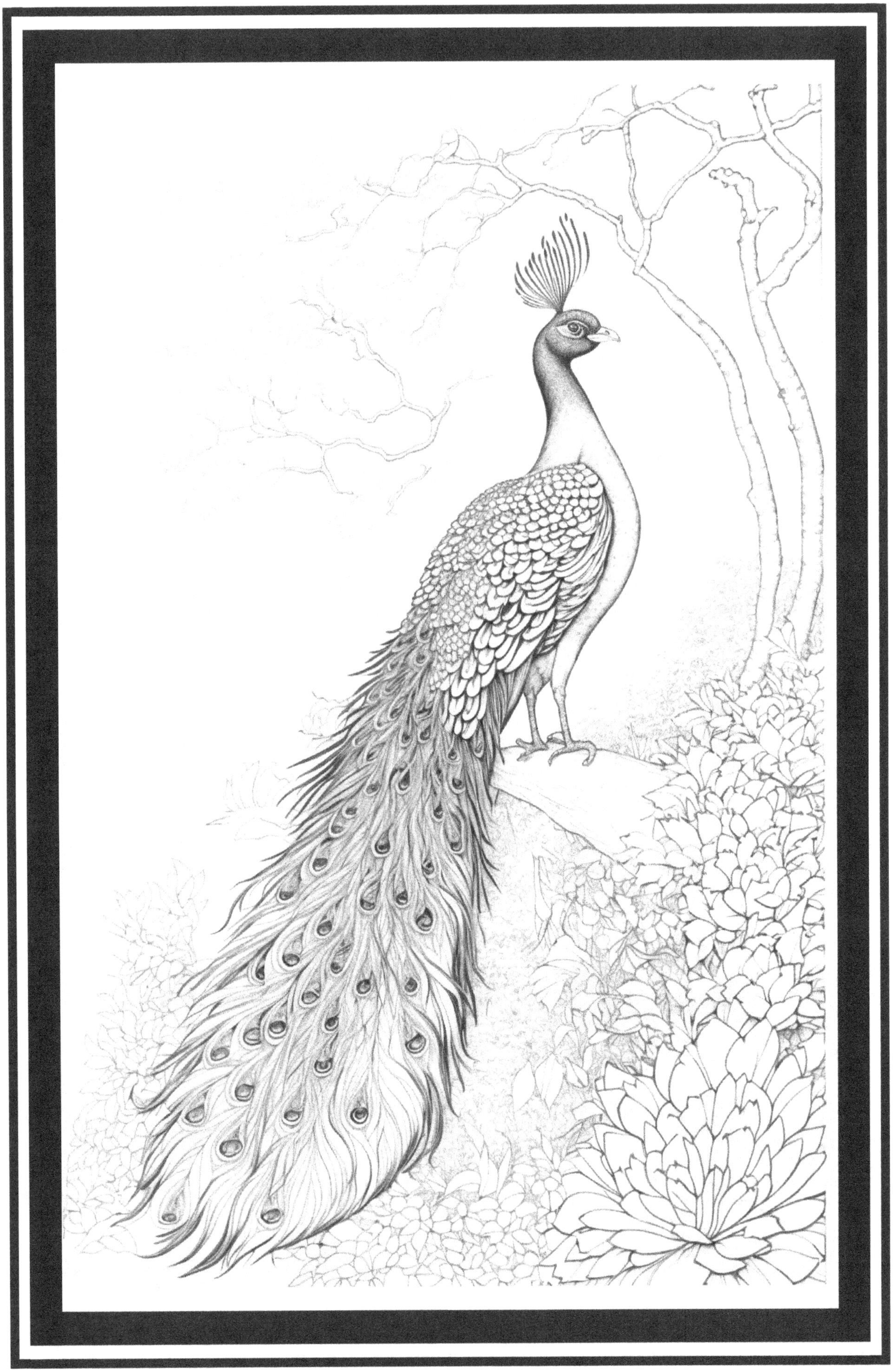

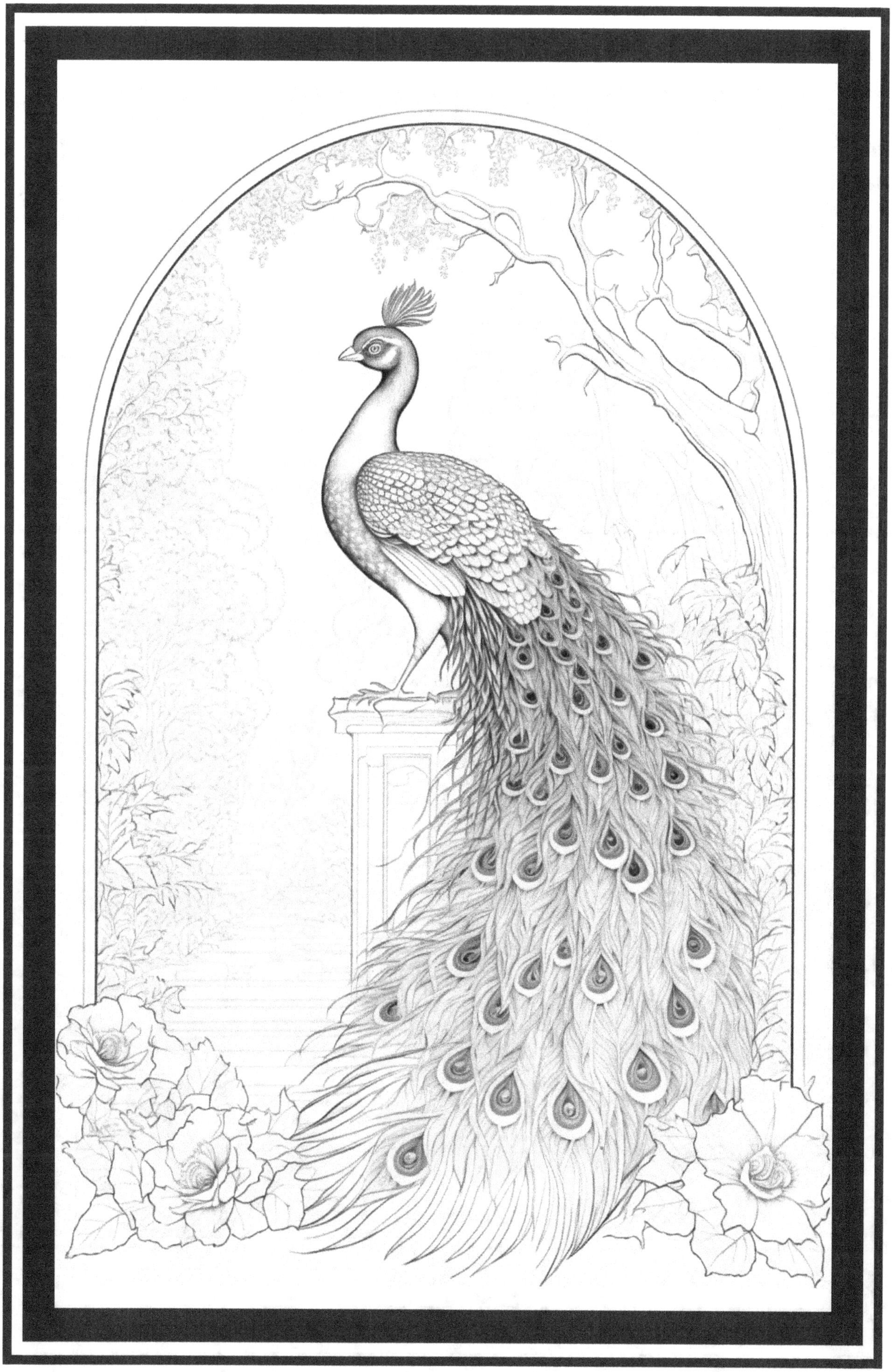

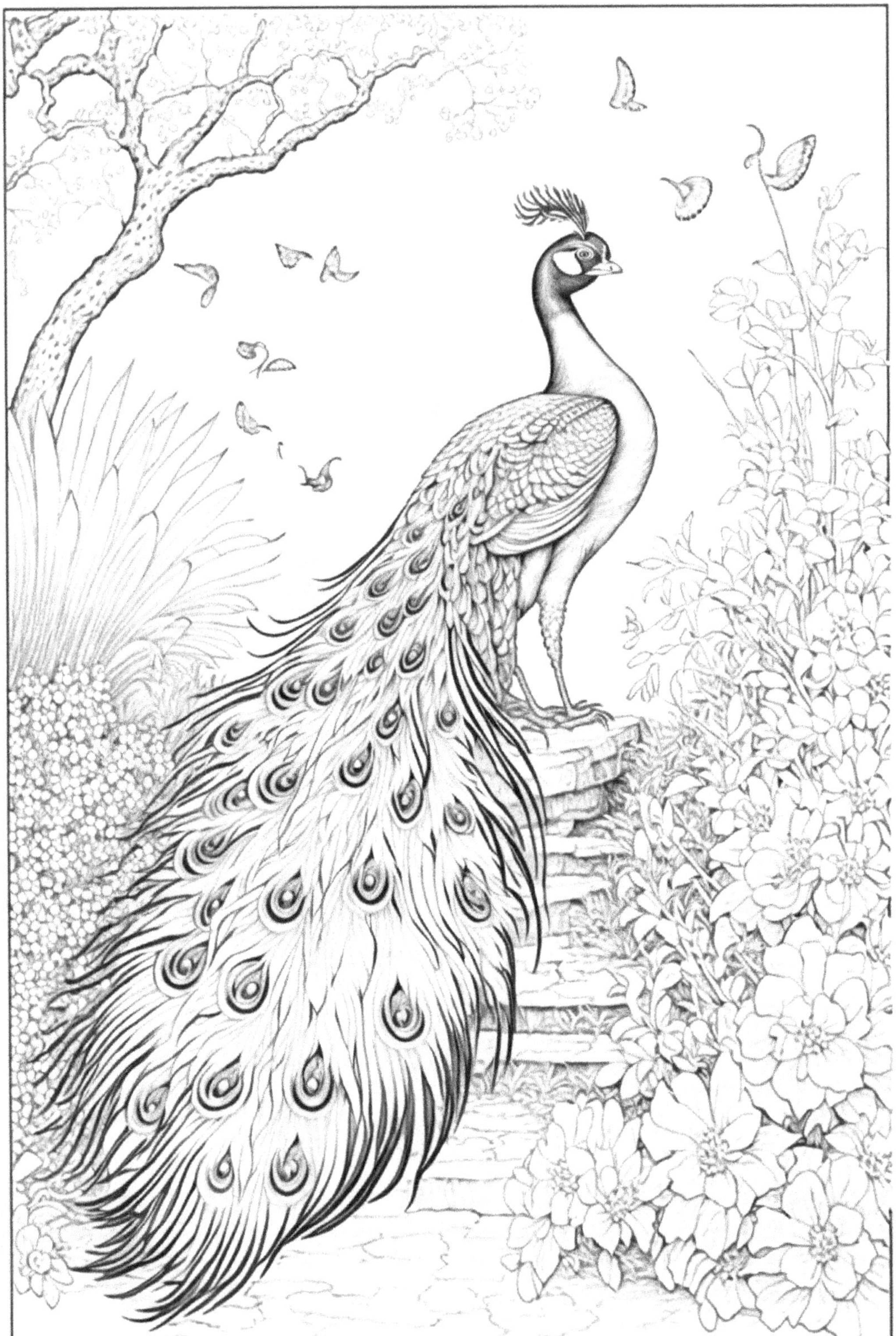

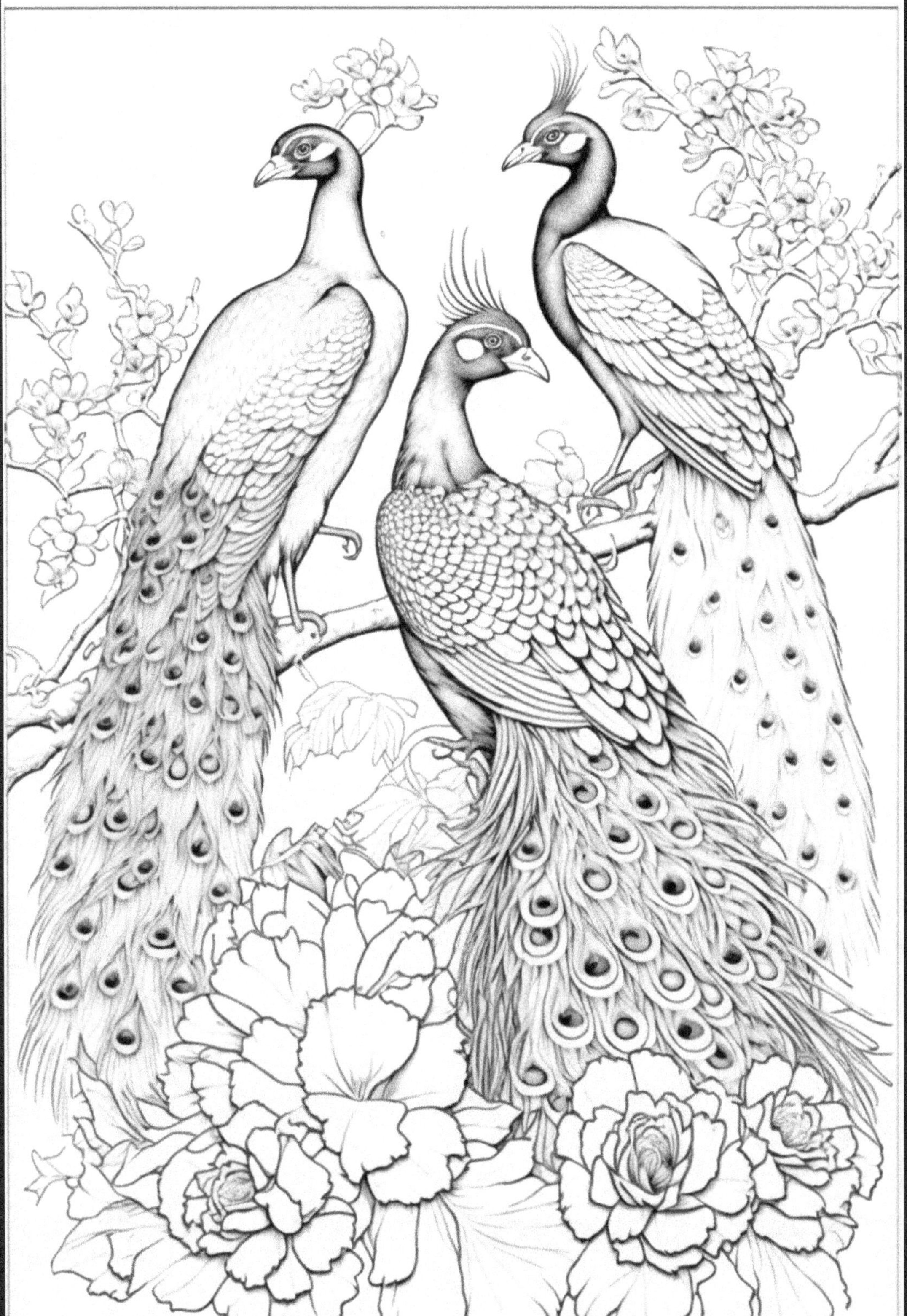

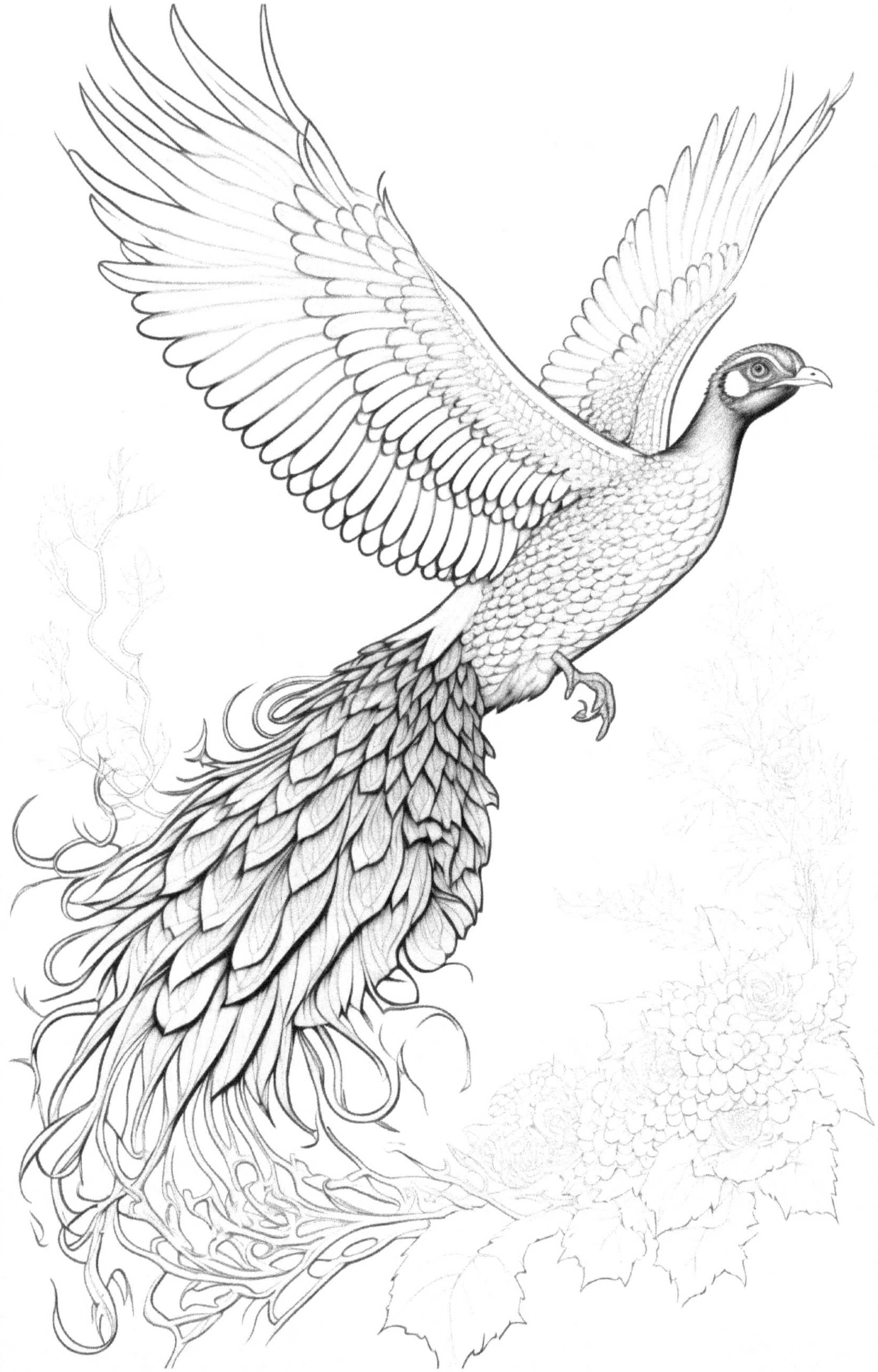

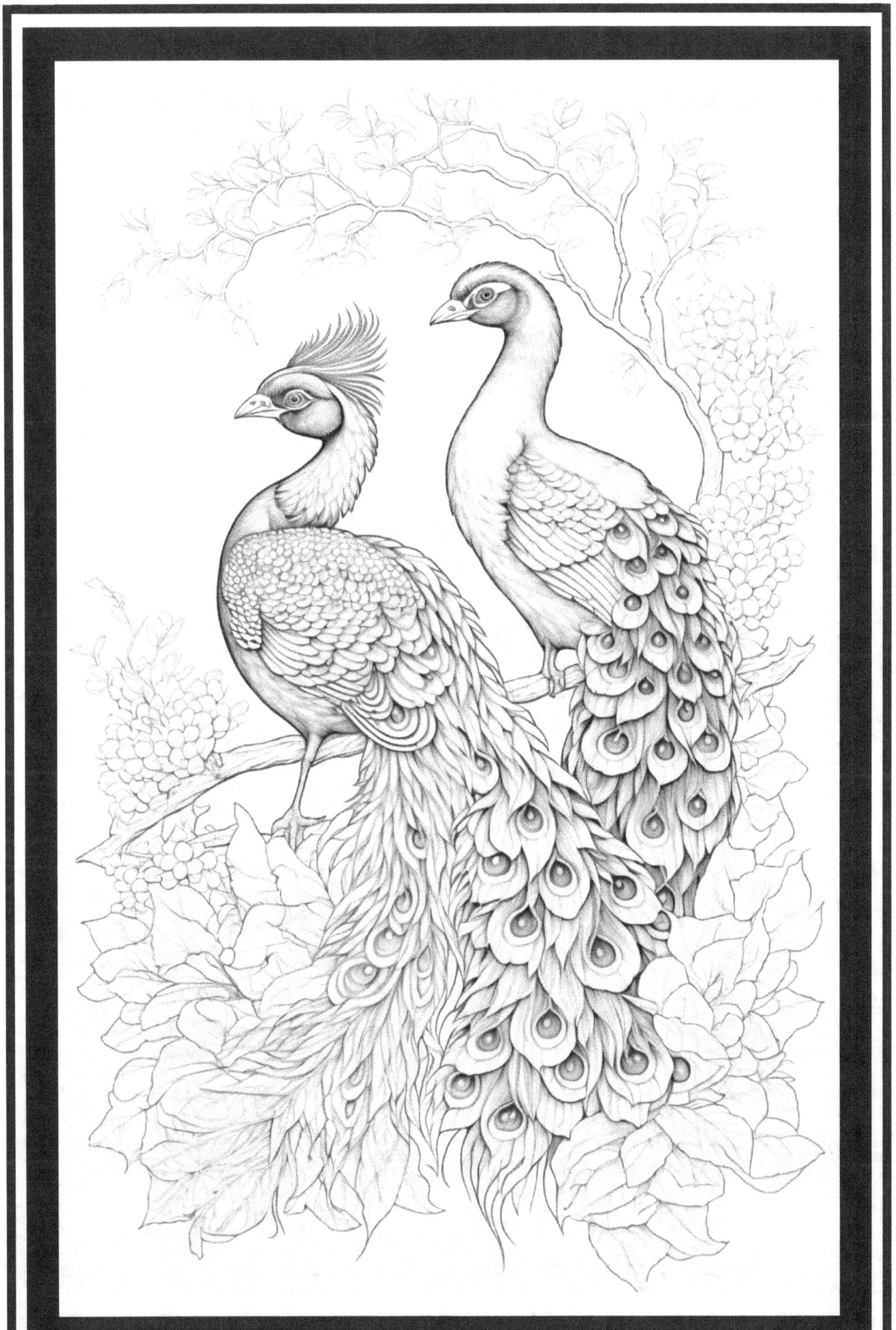

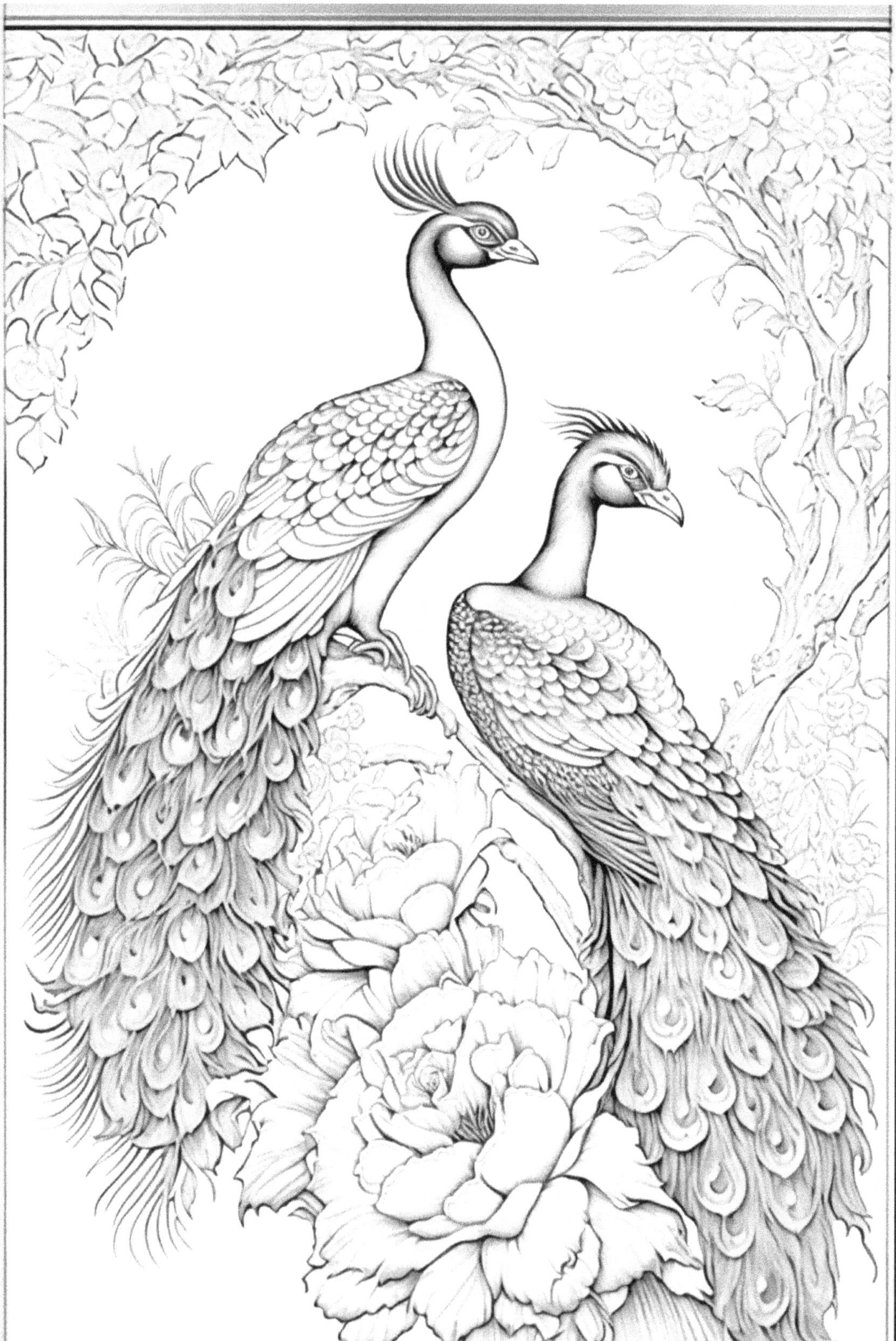

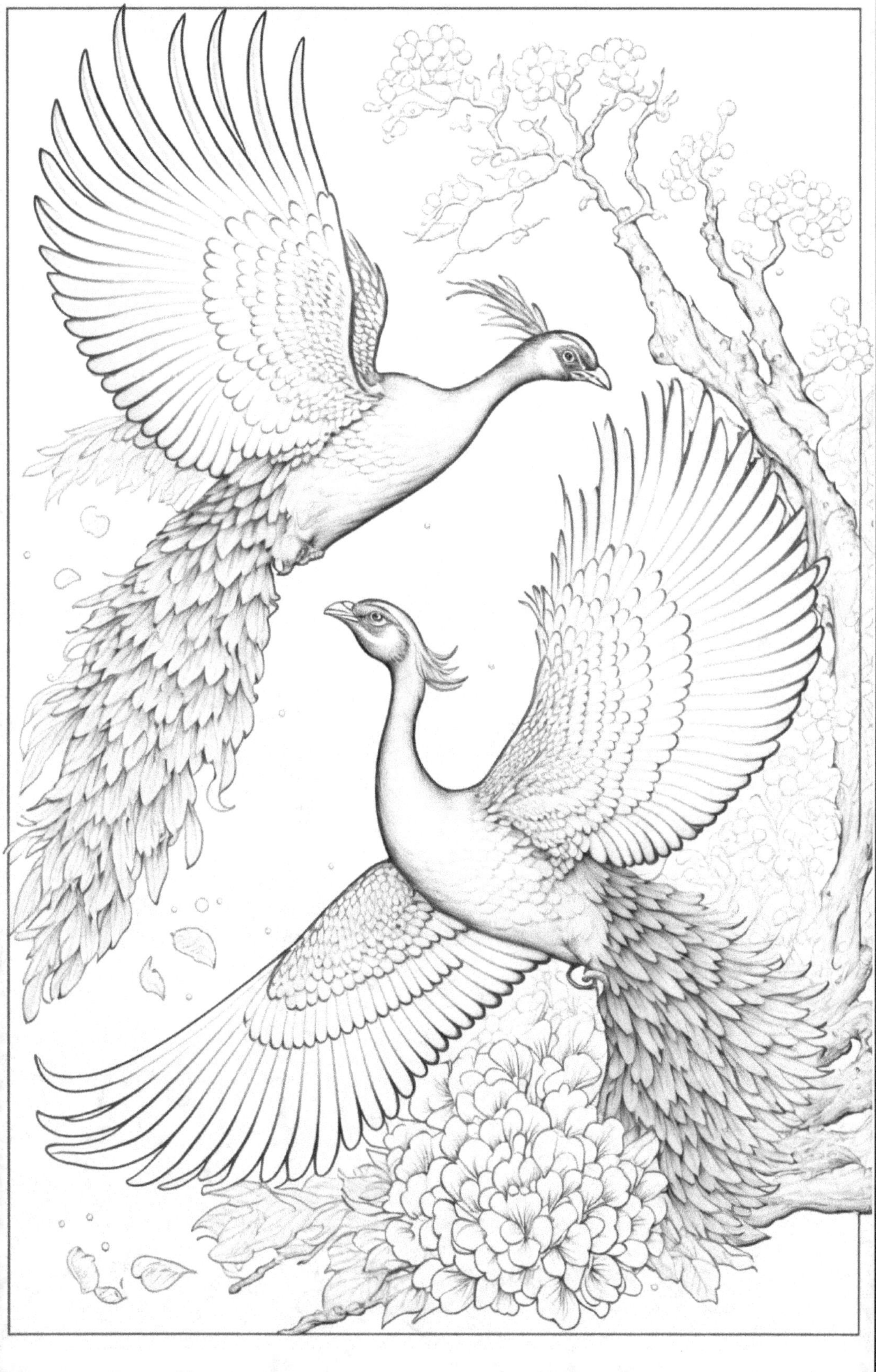

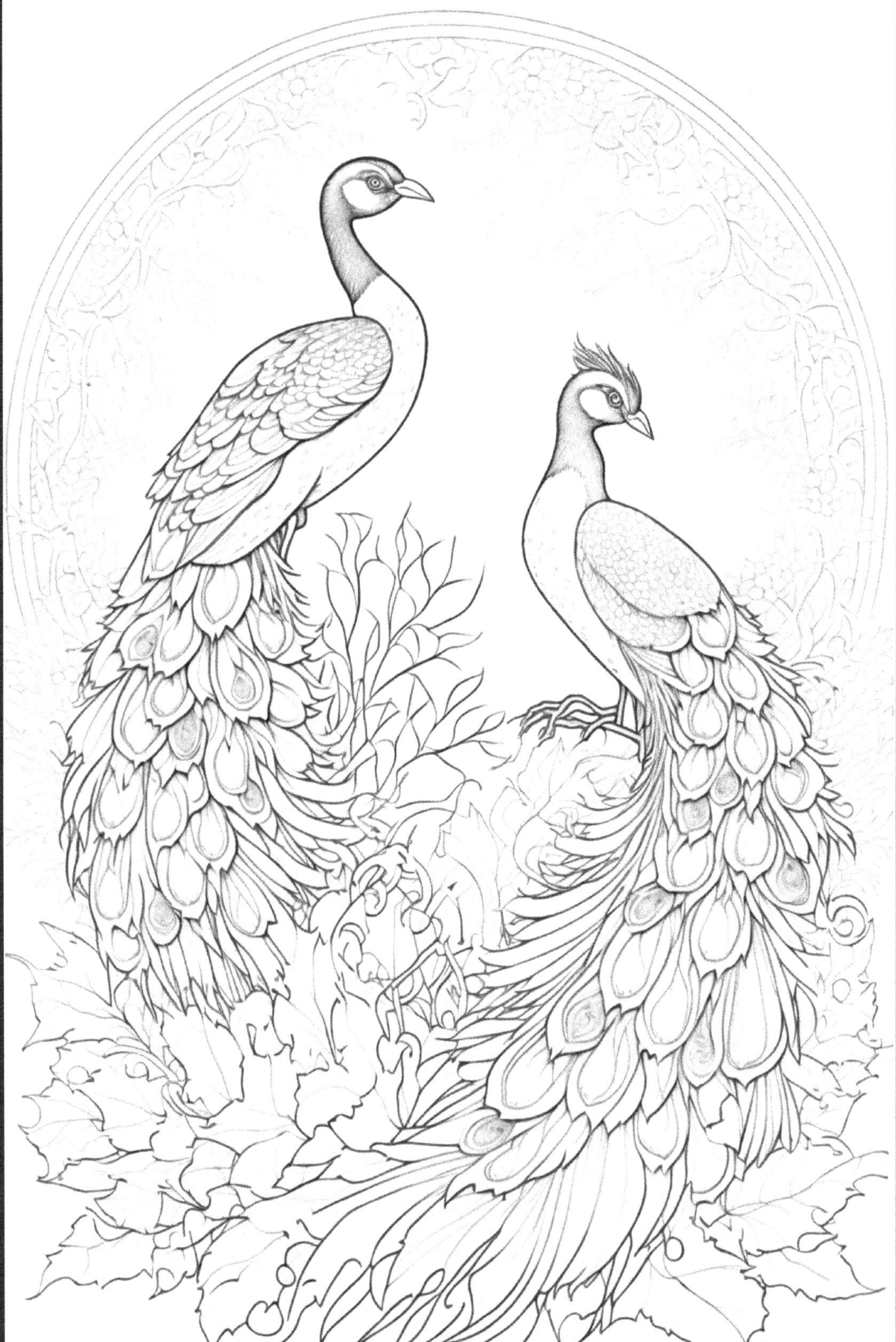

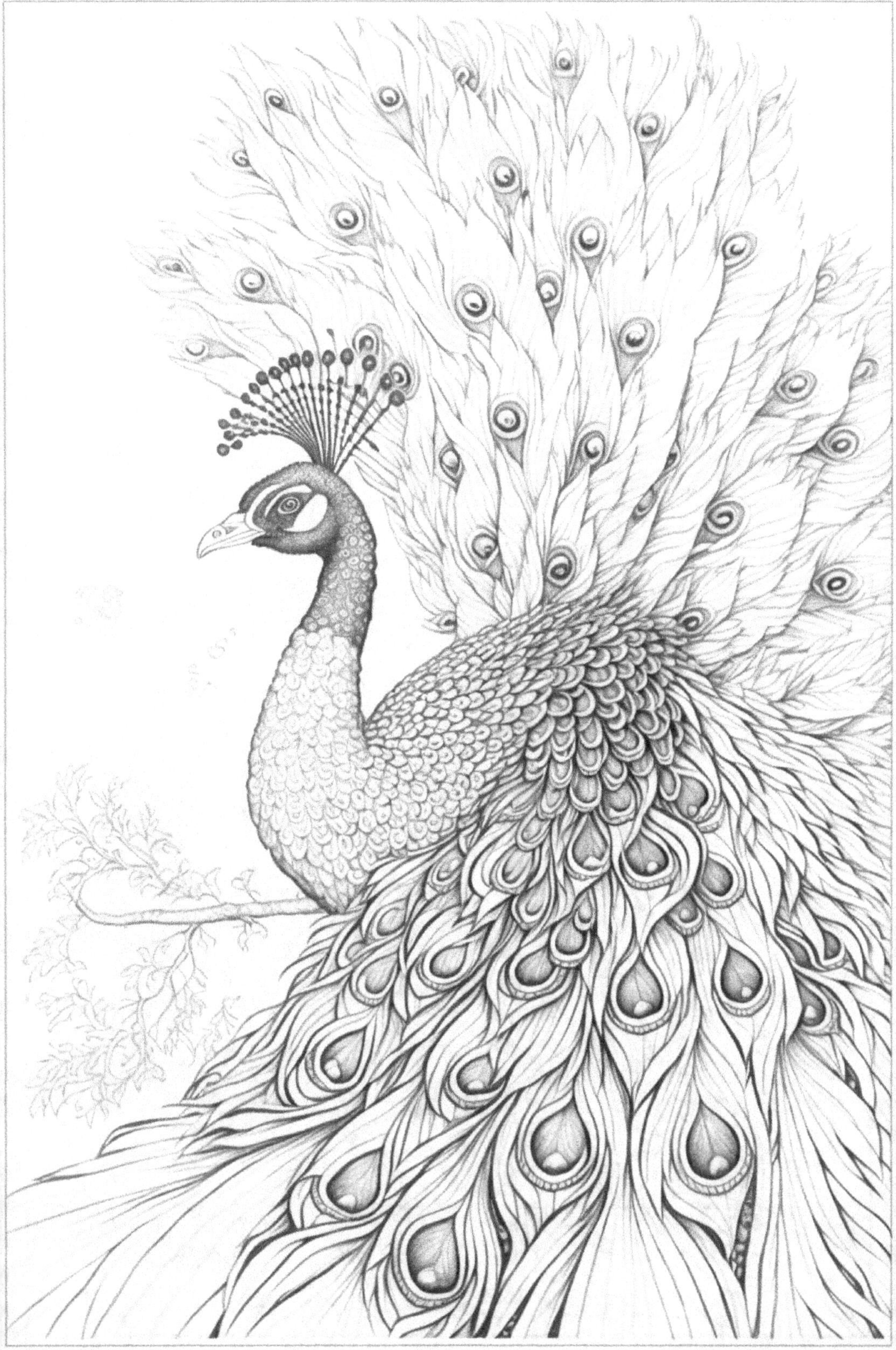

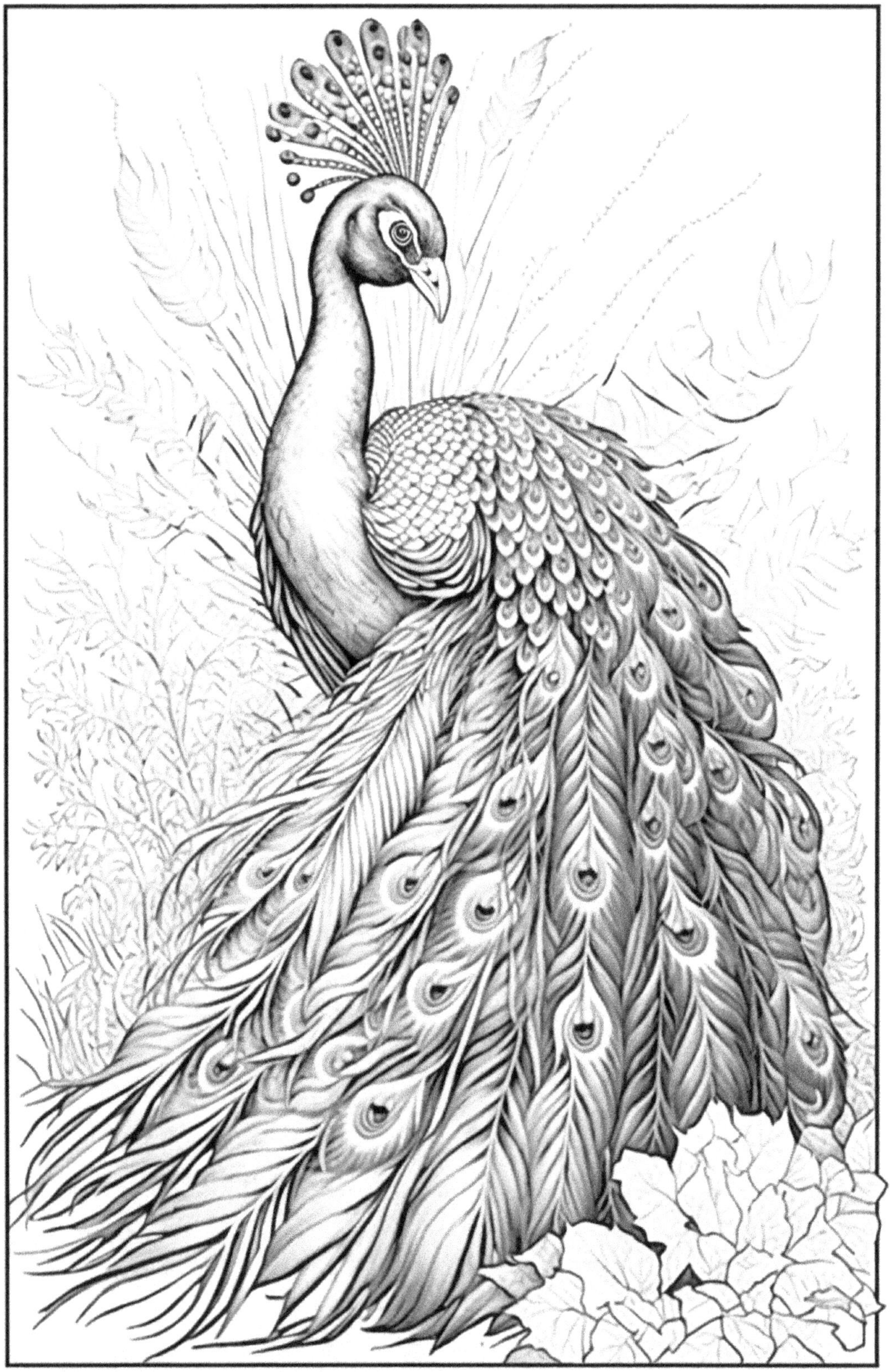

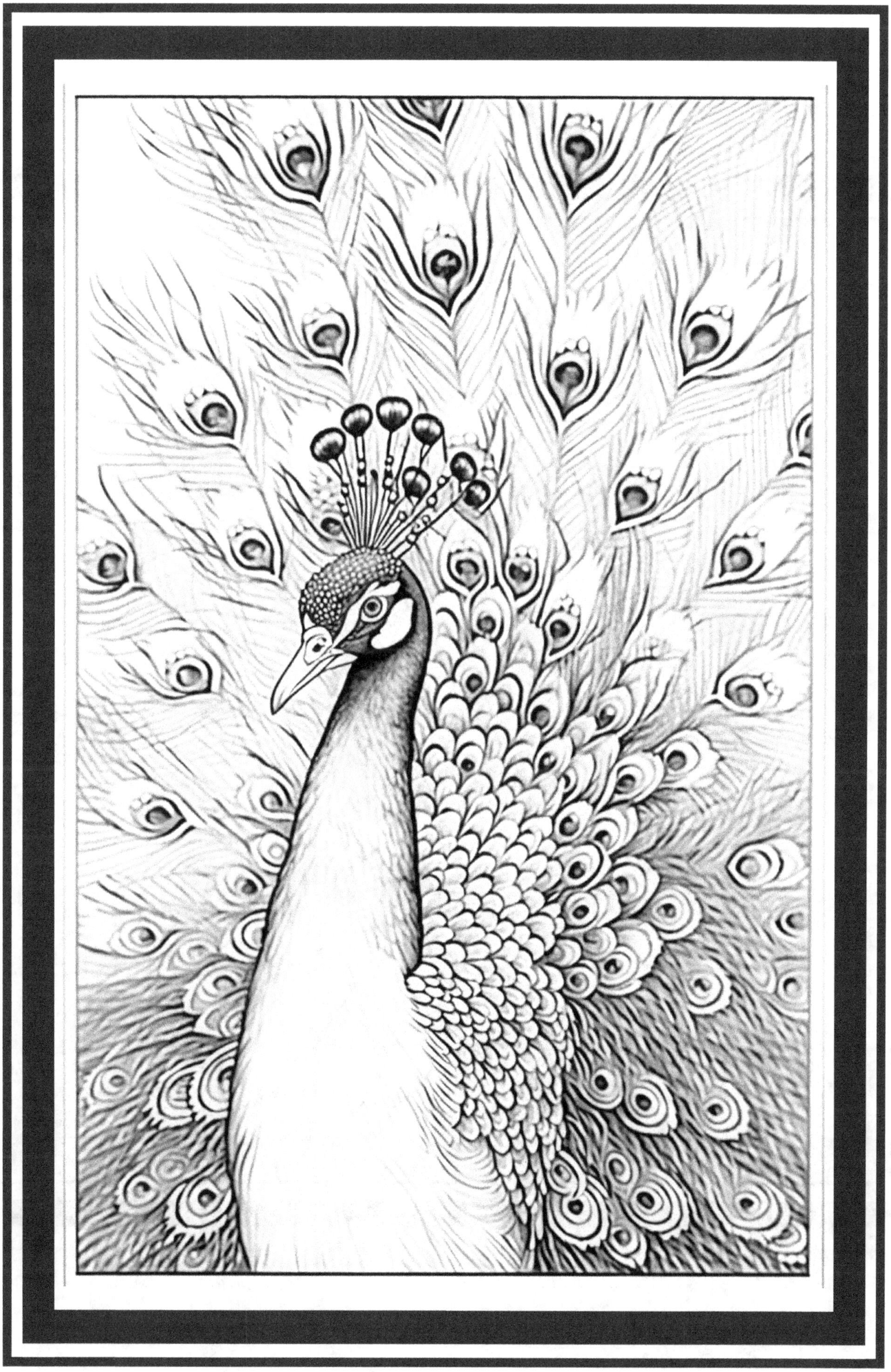

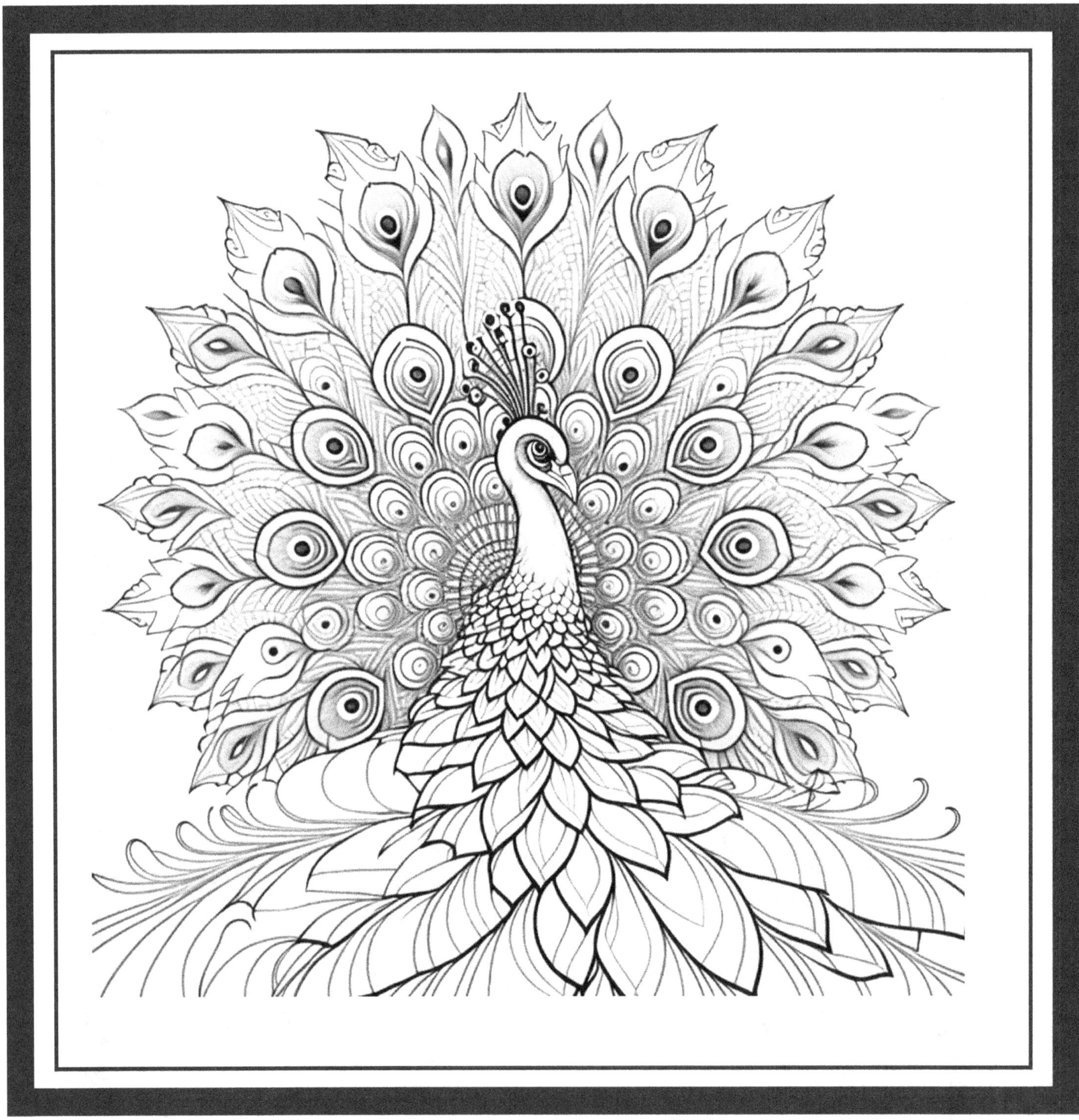

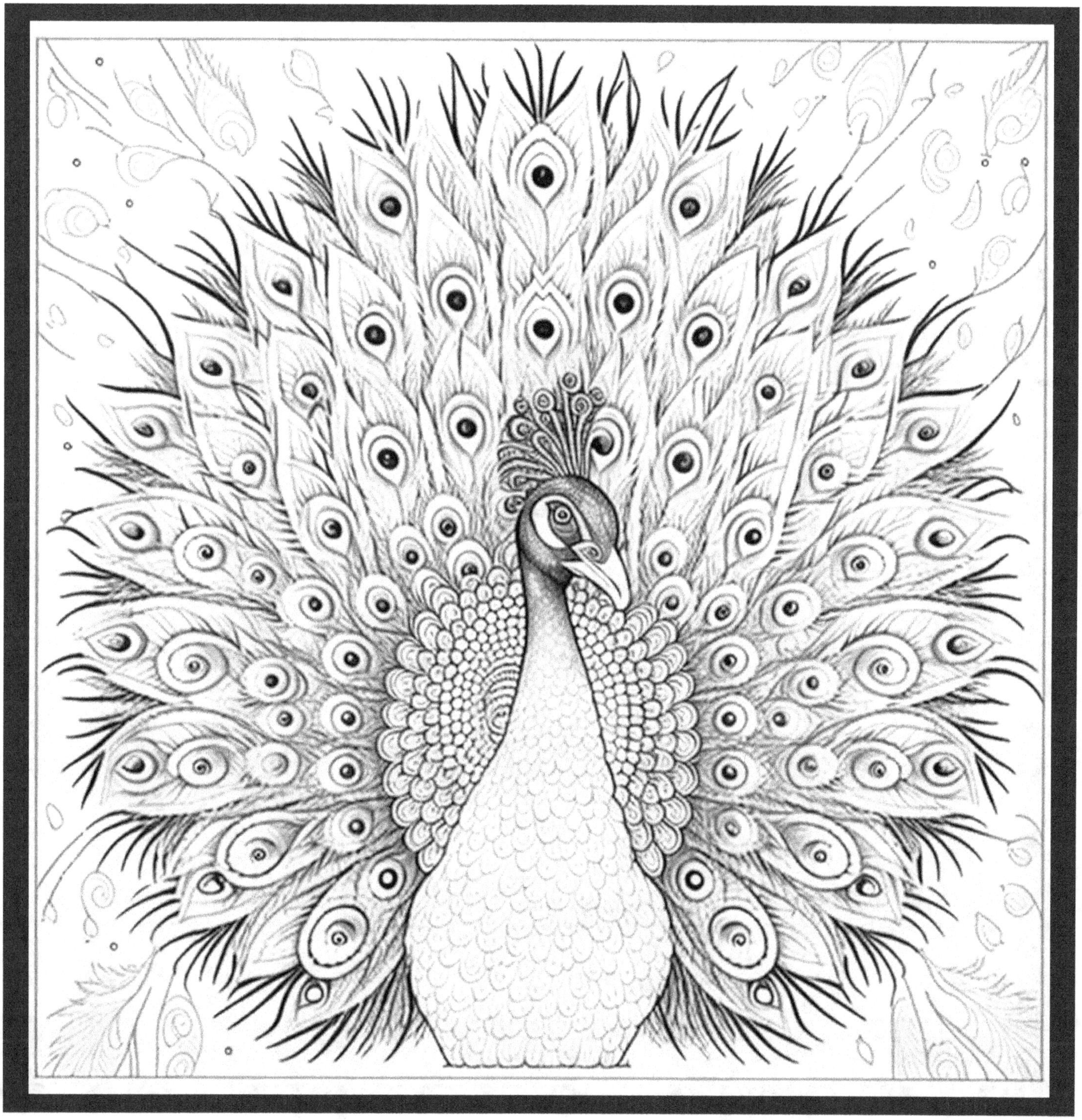

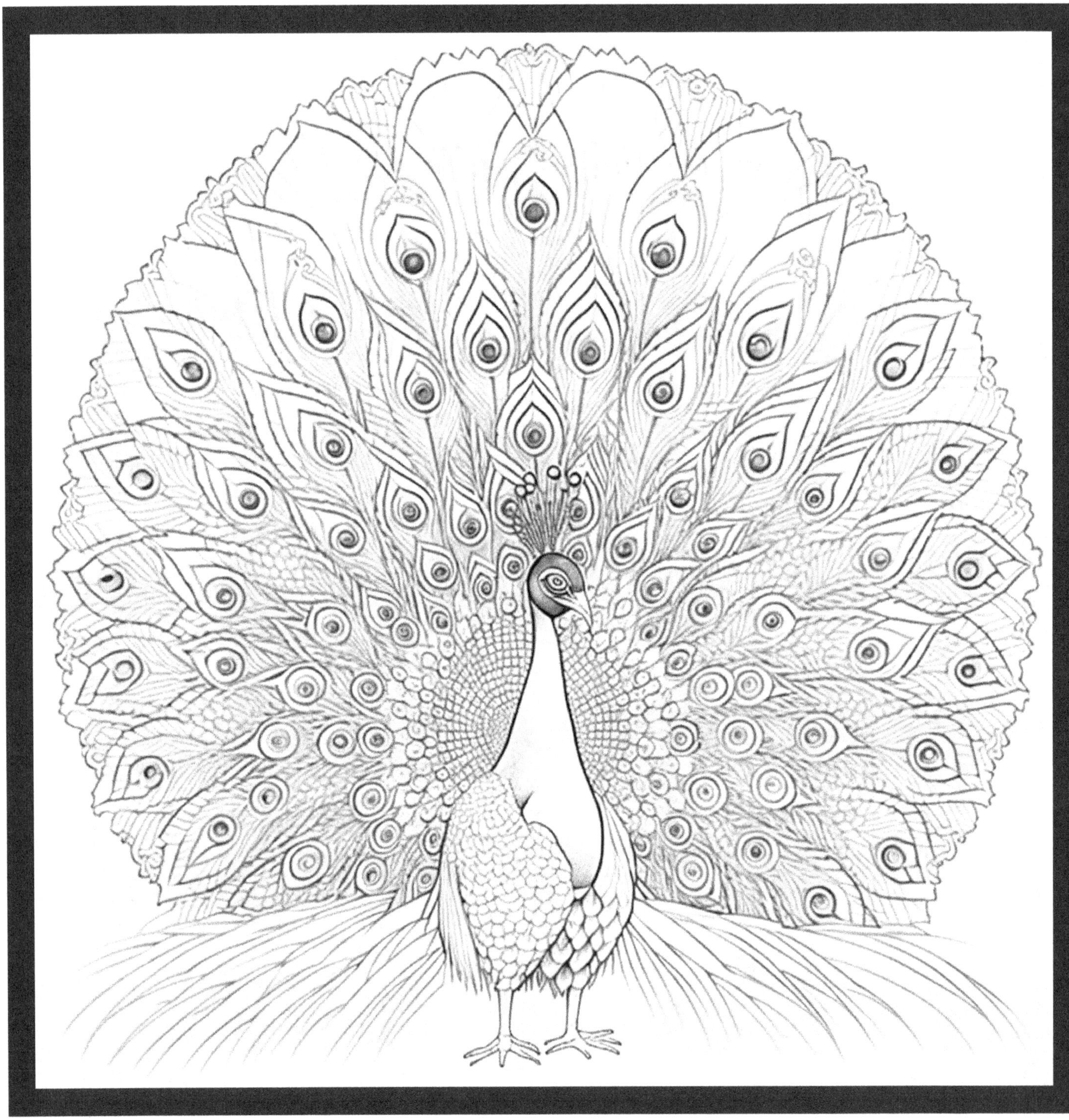

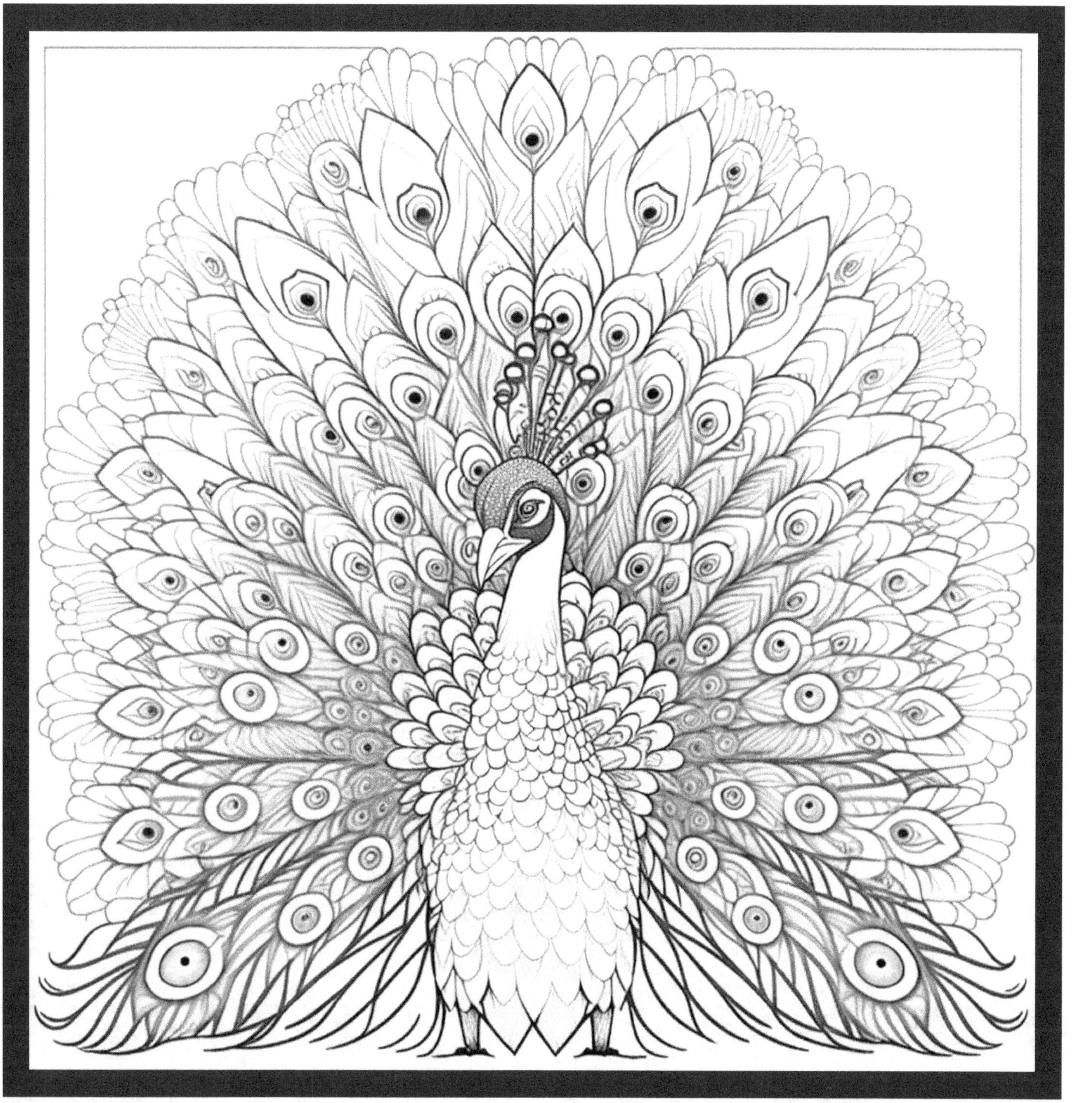

www.ingramcontent.com/pod-product-compliance
Lightning Source LLC
Chambersburg PA
CBHW081712220526
45467CB00028B/2803
9798387210068